DAVID RODRIGUEZ

FLORES DEL ALMA
Poesía Libre y Compañera de Sueños

Flores del Alma
Poesía Libre y Compañera de Sueños

Copyright © 2021 David Rodríguez

Reservados todos los derechos. No se permite la reproducción total o parcial de esta obra, ni su incorporación a un sistema informático, ni su transmisión en cualquier forma o por cualquier medio (electrónico, mecánico, fotocopia, grabación u otros) sin autorización previa y por escrito de los titulares del copyright. La infracción de dichos derechos puede constituir un delito contra la propiedad intelectual.

ISBN: 9798542687872

Obras y arte: David Rodríguez
Edición: Jesús Rodríguez
Diagramación: Jesús Rodríguez
Corrección: Emma J. Rodríguez

Para los que buscan sumergirse en la transformadora experiencia del amor.

PROLOGO

Un jardín de sensibilidad, misticismo y memorias abrazan la obra del autor David Rodríguez Rivera. Flores del alma es un cálido poemario que sostiene una poesía de matices simples y lírica de expresiva, que refleja gran sensibilidad. Esta producción poética de hermosamente imaginativa convierte el poemario en una plataforma giratoria que recrea una realidad humana del amor, soledad, nostalgia, encuentros y contemplaciones. El mar, las flores y la naturaleza se asoman aquí como esa mirada íntima de continua elevación poética.

La muerte y las preguntas del ser acaecen como una conmoción del poeta ante un acontecimiento universal que acompaña a la belleza humana en su transformación existencial. Flores del Alma es un poemario que reposa en el "glamour" vibrante de los sueños.

-Emma Jeannette, hija del poeta

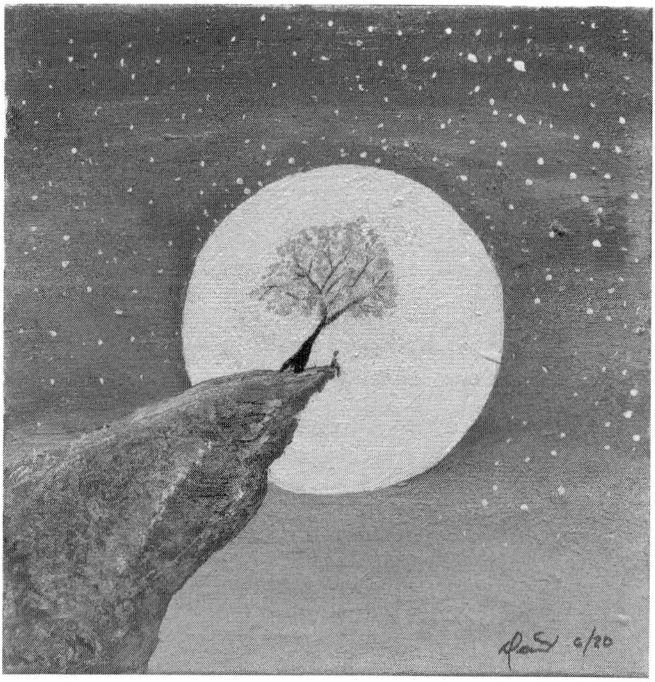

PRENDIDA A TU ALMA

Sueño que se diluye en la nada
tu recuerdo arduo de pensamiento lejano
fue tu presencia
la gema convertida en lágrima
tu sonrisa
el eco adormecido en las sombras
de tu lamento.

Cruzaste el espacio del sufrimiento
como gorrión perdido
buscando el calor en el descanso
protegiendo el secreto de tus suspiros
cómo lágrimas que se ocultaban
a la inocencia de un niño.

Tu humilde sombra te abrazó
sobre ella posaste tu cuerpo
sumido en el letargo del cansancio
junto a ti durmieron las canciones
junto a ti, oraciones.

El aire se fue llevando
tu último suspiro
la ansiedad y el llanto
se dispersó en la nada
como una rosa que ha sido tronchada
postrada a mi lado
en silencio quedabas.

Con mi llanto regué tu alma
que asomaba a su destino
viajó hacia nuevos caminos
de felicidad y calma.

Has partido a regiones de sueños
te has marchado también con el alba
más acompañada, viajabas a tu paso
porque en tu jornada
Madre adorada
prendida a tu alma
llevaste otra vida
pues también mi vida

Tú te la llevabas.

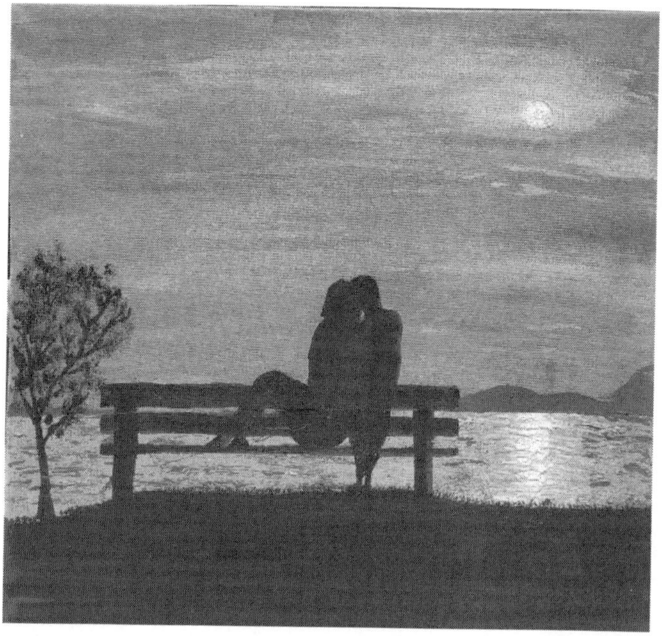

SOLO SOÑABA

Te miraba a los ojos
el brillo de tus pupilas
absorbían por completo
toda mi atención

sin desprender la mirada
de tu angelical rostro
caminaba a tu lado
mientras te escuchaba
susurrar una canción

te miraba a los ojos
y allí frente a mí
parecías una diosa
radiante, hermosa

te adornaban tus risos
florecía en tu boca
una sonrisa
haciendo brotar
de tus mejillas hoyuelos
que adornaban tu cálida tez

y te miraba
y me mirabas

te miraba a los ojos
sin que lo advirtieras
extendiendo mis brazos
con fuerza te abracé

más pudo la realidad
que mi vano empeño

Desperté
era tan solo un sueño.

LABERINTO DE IDEAS

Nace una rosa
en mi laberinto de ideas
qué perfumada
pero confusa
en mi mente
navega.

Eres esa rosa
en mi laberinto de ideas
que al marcharte en las tardes
sin tu aroma
me dejas.

Al caer la noche
en mi laberinto de ideas
se marchita la rosa
y sólo espinas
quedan.

PENSÁNDOTE

Quiero pensarte como ayer,
tranquila, sin prisa
cerrar mis ojos
verte acompañada
de una sonrisa.

¿Qué nos ha pasado?
para nosotros solo un instante
minuto a minuto, todo contado
 y tu tiempo
escasez constante.

Más no importa la brevedad,
¿por qué?, consuélame
que en mí, tú eres eternidad
eternidad que pasaré
pensándote como ayer.

NOCHE DE AUSENCIA

Asoma en la noche
sombras nostálgicas
de tu ausencia.

Noche de ausencia
sombras de indiferencia.

Y aunque me cubra
con su manto la niebla
del no tenerte, en mi mente
vibrará tu imagen
cálida y latente.

Estarás presente en mí
por haberme acostumbrado a ti.

Más caso no haré
a mi lamento,
porque toda la obscuridad
de tu ausencia,
no apagará la luz
de tu recuerdo.

SECRETO

Quisiera al oído decirte
lo más íntimo de mi corazón.

Poder derramar a tus pies
el secreto de mi emoción,
que tuvieses por alfombra
mis más ocultos recuerdos.

Si caminaras sobre ellos
su ternura sentirías
solo así comprenderías
lo mucho que yo,
te quiero.

AMANECER DE SENTIMIENTOS

Ha despertado la naturaleza
se ve asomar, el rayo mañanero
resaltan en los campos su realeza
se despide lento, el lucero.

Despierta la luz del día a la flor
el rocío en sus lágrimas
orgullosa ha secado, exhibe su color
para ser obsequiada al ser amado.

Despierta a la faena, el campesino
en cada esfuerzo, va dejando el sudor
abriendo para sus hijos los caminos
siendo el terruño medalla de honor.

Así, como todo va despertando
llegaste a iluminar mis momentos
eres aurora que va alumbrando
mis adormecidos sentimientos.

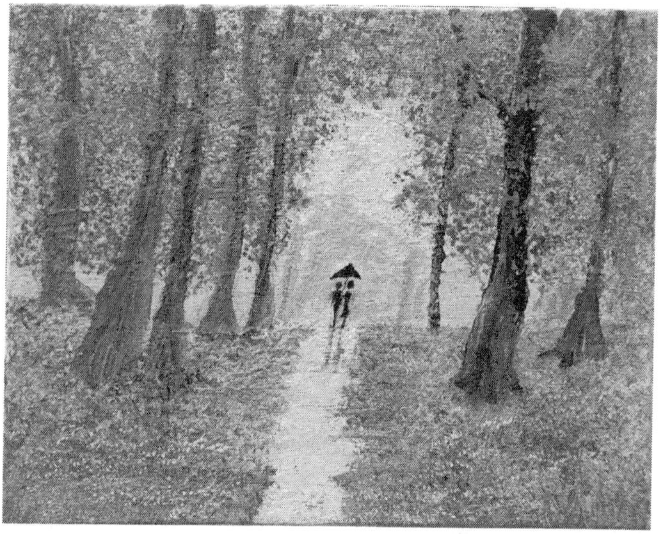

NEBLINA DEL AYER

Me miraré en tus negros ojos
enjugados de contagiosa melancolía

contemplaré su luz
fuente animadora de mis añoranzas

descubriré en tu llanto
la neblina del ayer
que marcó nuestra historia

comprenderé que de nuestro amor pasado
hoy solo quedan
vanas memorias.

ESPERA

No es barrera la distancia
cuando el amor es veraz
si quieres y eres amada
con el tiempo lo verás.

Deja mecer las olas
deja al viento soplar
que si ese amor te conviene
con el tiempo lo sabrás.

CONTRASTE

Cuando el paso de los años
disperse nuestro camino
tu ausencia se tornará llanto
mi ausencia se volverá castigo.

Pensaré en tu alegre mirada
pensarás en mi eterno suspiro
buscaré en las estrellas tu rostro
buscarás de mi ayer el olvido.

Tras cual altiva alondra
cruzando el cielo infinito
en mis versos verás tu pasado
en tus sueños veré mi delirio.

Mas en tus sombras de pena
a tu dolor buscarás alivio
querrás mi presencia a tu lado
mas mi ausencia será tu castigo.

FLOR MARCHITA

Apresuraste el invierno
de nuestra amistad.
¡que contraste!

Fuiste tanto
hoy queda tan poco
de ti en mí.

Abre tus manos
deja caer los pétalos
esa flor
que has marchitado
así desaparecerán
y vagando atormentados
en la corriente
de mi desilusión.

TU REGALO

Que una cálida sonrisa
amanezca florecida
en tus labios
y silencie con su ternura
todo eco de dolor.

Que una efusiva mirada
se pierda entre la aurora
adornando con tu cariño
los tenues rayos del sol.

Que hilvanando sueños
escape un pensamiento
lo recoja un ángel
y lo lleve al señor,
recibas a cambio
como regalo en tu día
una sonrisa, una mirada
y un pensamiento de Dios.

AUSENCIA DE RECUERDOS

¿Qué le ha ocurrido
al universo entero?
¿dónde están sus estrellas?
¿a qué lugares han ido
sus innumerables luceros?

¿dónde se esconde la brisa?
¿a dónde han emigrado los vientos?

ya en los campos no hay margaritas
solo barro viste mi suelo

¿quién se ha llevado mi mundo?
¿quién ha robado mis versos?

hasta mi propia alma
huérfana ha dejado mi cuerpo

sospecho que de mí, todo ha huido
porque a mi lado no tengo
como antes acostumbraba
los secretos de tu arcano corazón.

SUSPIRO

Si al pasar por tu lado
se me escapa un suspiro
no te extrañes,
se trata de un corazón
que no conoce de olvido.

Un corazón que en tu mirada
busca llenar un vacío
un corazón que en tus brazos
busca renovar sus latidos.

Por eso, no me culpes
si se me escapa un suspiro
se trata de un corazón
que no conoce de olvido.

EL ULTIMO POEMA

Muy cerca de mi ocaso
cuando de mis labios
no se escuchen versos
cuando mis ojos heridos
por los años, padezcan
cuando de mi inspiración
solo queden
parcos momentos
aún entonces,
me acordaré de ti.

tu recuerdo
como un rayo tajante inundará
mi memoria

me acordaré de tu mirada
cual lucero sin disimular
descubre su secreto
convirtiendo en versos
impregnados en dolor
que en la noche te dedicara

y al sentirte de mi vida
tan alejada, en un estallido del corazón
surgirá mi póstuma
inspiración

mis ojos humedecidos
te dedicarán el brillo
de una gota clara
que será

mi último poema.

AGONÍA

Con pesada y mustia la mirada
marchitada al paso de su historia
el enfermo su jornada ya acabada
en su lecho lo acompaña su memoria.

Inquebrantable torbellino de amargura
va marcando como surco su tormento
agitados pensamientos de locura
en su alma van sembrando el desaliento.

Como cirio que se extingue cae su día;
en la vida su esperanza se diluye
el gemido con su triste melodía,
va advirtiendo que su estancia ya concluye.

Inventario de sus años va pasando
se confunden la alegría y congoja,
más su vida lentamente va escapando
como arbusto que en otoño se deshoja.

TE ACORDARÁS DE MÍ

Si al pasar de los años
afloran en tu mente
recuerdos pasados,
y entre ellos
asoma de un amigo
un consejo sincero;
seguramente...
te acordarás de mí.

Cuando en tu alcoba
fatigada por la vida
te pesen las desilusiones,
y buscando refugio
tomes el libro de oraciones;
seguramente...
te acordarás de mí.

Quizás yo haya partido
hacia caminos sin regreso
pero aún en mi ausencia,
cuando sientas la nostalgia
de escuchar de un amigo
un humilde: "te quiero"
seguramente...
te acordarás de mí.

TUS OJOS

Quisiera de tus ojos
comprender su mensaje
descubrir en el brillo
su misterioso lenguaje.

Quisiera de tus pupilas
leer sus testamentos
como se leen del poeta
en versos sus sentimientos.

Quisiera de tus lágrimas
atesorar su rebeldía
y como un póstumo mensaje
se confundan con las mías.

FLORES DEL ALMA

Cultivaré en tu alma
las más hermosas quimeras
jamás soñadas
las rociaré con el agua
cristalina de mis ensueños

florecerán cual rosa
que vestirán colores
de mil matices

y al contemplarte en ellas
te acordarás
cuánto te quise.

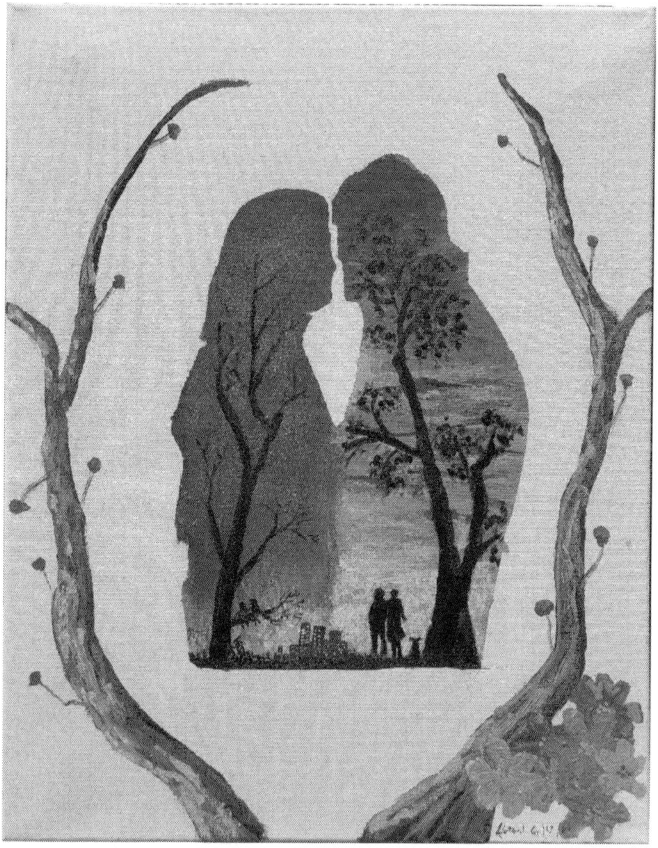

OJOS TRISTES

Melodía de dulce acento
nimbo que precipita
lágrimas dolientes,
escalpado camino de penas
son tus ojos tristes.

Son el ventanal
de tu alma sensible,
desbordas por ellos
tus recuerdos.

Abatida suenas
con las imposibles
indómitas lágrimas
te salen al paso
bañando en angustias
a tus ojos tristes.

SUEÑO LEJANO

Fascinante misterio
pasión primaveral
estrella majestuosa
de acopiada belleza...

Eres tú.

Cumbre inaccesible
pensamiento arcano
luna que se oculta
en horizontes lejanos...

Eres tú.

Lágrimas del alma
tejedora de quimeras
en mis densas sombras
luz de mis ojos...

Eres tú.

ESPERA

No es barrera la distancia
cuando el amor es veraz.
Si quieres y eres amada
con el tiempo lo veras.

Deja mecer las olas
deja al viento soplar
que si ese amor te conviene
con el tiempo lo sabrás.

MARIA

De niño escuché
Tu nombre.
Me hablaron bastante
de ti.

Sin darme cuenta
te quedabas
sin darme cuenta
te amaba.

Nombre musical
que sueña a rezo.
María.

Eres presencia
que perfumas.
Aurora de Sol
recinto de belleza
luz que ilumina
cristal que reflejas
la claridad divina.

Plasmado ha quedado
en mí, tu nombre
dulce nombre

María.

Abriga mi alma
la esperanza

de contemplarte
Santa Mente Serena
en tu trono

de estrellas
al final del camino
mis labios pronunciarán
tu nombre

María.

Al final mi alma
susurrando dirá
a la tuya:
nací presintiéndote
viví conociéndote
y muero amándote.

MENSAJERA DE DIOS

Estrella que acompañada
adornas el firmamento
relátame tu historia;
dime ¿cómo es el cielo?

Me han dicho que has sido creada
que procedes de un gran maestro
y el soplo que dio tu existencia
me acaudilla en misterioso silencio.

Si pudieras distante estrella
mi espíritu acendrar
y poderte visitar
allá en tu lejano cielo.

Presiento que tú me escuchas
lo veo en tu brillo perpetuo
comparte a mi lado esta noche
y revela tu secreto.

Estrella que acompañada
adornas el firmamento
quisiera me contestaras,
dime, ¿cómo es el cielo?

EN TU DÍA

Hoy te ofrece la mañana
su delicado despertar.
La alondra inspirada en tu día
te dedica su cantar.

El majestuoso sol mañanero
te brinda su calor.
Valles y montes regalan
a tus ojos su color.

La brisa perfumada en rosas
te obsequiará su ternura.
El mar con su azul eterno
regalará su hermosura.

La luna inspiradora de amores
te dará sus embelesos.
Este amigo que te quiere
te regala estos versos.

TARDE DE AUSENCIA

Tarde que llora ausencia
al presentir
el quejido del alma.

Tarde que acompaña
a mis ojos
en su dolor
dolor de indiferencia.

¡Oh vacío insufrible!
silencio de ingratitud
agonía inefable.

Tarde fresca de otoño
que me acompañas
se confunden tus lágrimas
con las mías.

Es tu lluvia música
que repite su nombre
en mi ventana,
también yo lo repito
más mi voz
se va perdiendo
en la nada.

Sean compañeras de camino
mis gotas de dolor
y las tuyas.

Confundidas irán
inadvertidas pasarán
como algo invisible
buscando sin descanso
horizontes imposibles.

Al final de su jornada
en el jardín
de la soñadora ufana
se posarán.

Allí mi alna
tendrá por recinto
las lágrimas vertidas.

Junto a ella estará
en las tardes de otoño
impregnando su vida
eternamente.

Eternamente con ella
mi alma estará
a su lado estaré
y nunca lo sabrá.

LA MIRADA DE JESUS

El mar de tus ojos lo abrazaron.
La paz de tu mirada lo envolvió.
Lágrimas como ríos desbordaron
más el perdón a su espíritu acarició.

Es por siempre esa tu mirada
salida de lo eterno de tu corazón
refugio amoroso a mi alma fatigada
suspiro de cielo pensar tu redención.

Amable y dulce mirada de compasión
que regalaste a los pobres como suave canción.
Inmutable mirar de alegría.

Es tu mirada derroche de ternura
exquisitos son de tus ojos la hermosura
en mi vida tu mirar eterna melodía.

HERMANO DE ASÍS

Gallardo caminante
viajero incansable
se llenaron tus pasos
de amasados contrastes.

Gravitaron a tu derredor
innumerables historias
de riqueza y pobreza
en fusión contradictoria.

Fue tu acompañante
la fraternidad
a la oración te entregaste
con fidelidad.

De Dios te impregnaste
como por ósmosis
en tu paz viviste
hermano de Asís.

LÁGRIMAS DE HOY

Contemplando a su pueblo
fugaz lágrima asomó
Jerusalén ¿Qué has hecho?
que el llanto su alma colmó.

Han transcurrido los años
del pueblo pasó su hora
otro pueblo llanto aclama
hoy Jesús por mi isla llora.

ARIDEZ

Ya no albergan
mis sentimientos
deseos de amar.

Mis manos
no acarician...

Mis labios
no se mueven
como antes
a consolar.

Hoy mis pasos
detenidos
han renunciado
a su andar.

Como ráfagas
tormentosas
pensamientos extraños
estremecen mi pensar.

En mi desierto
como Pedro
he de gritar,
¡Jesús, dame tu mano
que me hundo!

Apresúrate...
no tardes en llegar.

INSTANTE PERDIDO

Buscando el instante perdido
vivido con esplendor
ya que está sumergido
en miel brotada de amor.

Te miraba y no sabía
que tu fuego abrazador
a mi alma quemaría
sanándola del dolor.

Muerto ya mi pasado
todo parece ficción
haciendo de lo llorado
mi más escuchada canción.

TRISTE REALIDAD

Cierro mis ojos y te contemplo
callo mi mente y me grita tu nombre
calmo mi espíritu y desfallece
vivo el cansancio de lo inalcanzable.

Te quiero tanto
que me parece que los colores
los hizo Dios para tus ojos.

Te quiero tanto
que no puede mi valor guardar
el misterio nacido
en sombras de sentimientos proscritos.

En silencio te amaré
en mis sueños te buscaré
furtivamente llevaré tu amor
en mis pensamientos.

Sin valor para olvidarte
tras tus pasos seguiré
y con ellos me perderé
siendo fugitivo
de mi triste realidad.

MI COMPAÑERA DE VIAJE

Caminos llenos de momentos
a veces sombras
otras, en claro día
en la que siento
tu voz como melodía

acompañaste mi soledad
y mi vida sanando
pensamientos de tempestad
que con tu risa has borrado

los años en su lealtad
han seguido el recorrido
nos descubren la verdad
juntos hemos envejecido

hemos cultivado amor
día a día construimos
con mucho más fervor
que el día que nos conocimos.

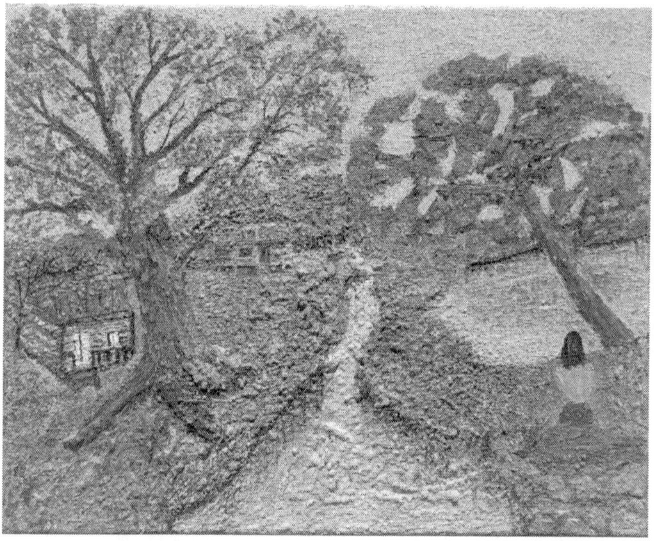

BIOGRAFIA DEL AUTOR

David Rodríguez es diácono, poeta y artista plástico. Nacido en Ponce, Puerto Rico. Ingresó al Ejército de los Estados Unidos en el año 1969 y fue condecorado con el Corazón Púrpura y la Estrella de Bronce. Trabajó por más de 25 años como Supervisor de Producción y Maestro de Religión. Participó como voluntario con los enfermos de SIDA, siendo reconocido en la revista *Americans Who Care* en el 1991.

Dos años después, fue ordenado como Diácono permanente por el Obispo Fremiot Torres Oliver de Ponce; cargo que ejerce hoy día. Representó a los Miles Jesu en varios países como Roma, España, Portugal, República Dominicana y México.

Ha ganado medallas y trofeos en diversos maratones (Maratón San Blas, Salinas, Colegio Ponceño, Guánica, Ponce) y actualmente se desempeña como escritor y paisajista.

Su obra Flores del Alma es un conjunto de poesías, escritos desde el año 1990.

Made in the USA
Middletown, DE
31 August 2021